SABRINA FAUDA-RÔLE
FOTOS VON AKIKO IDA

SUPER EINFACH
KOCHEN MIT 3 - 6 ZUTATEN
SALATE

Librero

Inhalt

EI UND FLEISCH

FISCH UND MEERESFRÜCHTE

GRUNDMISCHUNGEN

Veggie

1

Kräutersalat

In 15 Minuten vorbereitet

Ohne Kochen

Für 6 Personen

Romanasalat
× 1

Koriander
1 Bund

Minze
½ Bund

Estragon
1 Bund

Basilikum
1 Bund

Vinaigrette (Rezept 68)
× 1

- ○ Den Romanasalat und die Kräuter waschen, trocknen und die Blätter abzupfen.
- ○ Kleinschneiden.
- ○ Alles mit der Vinaigrette in einer Salatschüssel mischen.

Veggie

2

Grünkohl und Cranberrys

Grünkohl
200 g

getrocknete Cranberrys
40 g

Mandeln
20 g

Sojasauce
2 Esslöffel

Kurkuma-Pulver
1 Teelöffel

Tahini-Sauce (Rezept 66)
× 1

In 10 Minuten vorbereitet

Ohne Kochen

Für 4 Personen

- Die Blätter vom Grünkohl zupfen und die zu harten Stiele entfernen. 1 Minute lang intensiv mit Sojasauce einreiben.
- Die Mandeln mit dem Messer grob hacken.
- Grünkohl, Mandeln und Cranberrys vermischen. Die Tahini-Sauce und das Kurkuma-Pulver hinzufügen.
- Über den Salat gießen und vor dem Servieren durchmischen.

Taboulé mit Blumenkohl

In 15 Minuten vorbereitet

Ohne Kochen

Für 6 Personen

Blumenkohl
500 g

Minze
3 Stiele

Petersilie
3 Stiele

Salzzitrone
× 1

Apfel (Gala oder Elstar)
× 1

Zitronensauce (Rezept 69)
× ½

- Den Blumenkohl und den Apfel reiben. Die Blätter der Kräuter zupfen und kleinschneiden, die Salzzitrone hacken.
- Den Blumenkohl und den Apfel mit den Kräutern und der Salzzitrone in einer Schüssel mischen.
- Die Sauce darübergießen und servieren.

Veggie

4

Thai-Sellerie

In 15 Minuten vorbereitet

Ohne Kochen

Für 4 Personen

Stangensellerie
200 g

Koriander
½ Bund

Minze
6 Stiele

gesalzene Erdnüsse
40 g

rote Paprika
80 g

Tahini-Sauce (Rezept 66)
× 1

- Den Stangensellerie schälen und in feine Scheiben schneiden. Die Paprika schneiden, die Kerne entfernen und mit dem Messer hacken. Die Blätter der Kräuter zupfen. Die Erdnüsse hacken.
- Vor dem Servieren alle Zutaten mit der Tahini-Sauce vermischen.

Veggie

5

Geraspelte Karotten

Karotten
500 g

Quinoa
20 g

Kerbel
8 Stiele

Nüsse
30 g

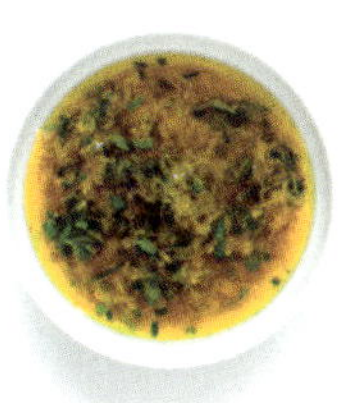

Zitronensauce (Rezept 69)
× 1

In 15 Minuten vorbereitet

Ohne Kochen

Für 6 Personen

- Das Quinoa in eine heiße Pfanne geben und 10 Minuten anrösten, dabei umrühren.
- Die Nüsse grob hacken. Die Karotten raspeln, die Blätter vom Kerbel zupfen und kleinschneiden.
- Die Karotte, den Kerbel, die Nüsse und die Zitronensauce mischen.
- Mit geröstetem Quinoa bestreut servieren.

Rettich und Kichererbsen

schwarzer Rettich
500 g

Nüsse
50 g

Rauchsalz
2 Prisen

Kichererbsen aus der Dose
400 g

Olivenöl
8 Esslöffel

In 15 Minuten vorbereitet

Ohne Kochen

Für 4 Personen

- Die Kichererbsen abtropfen lassen und spülen, grob mit der Gabel quetschen, Olivenöl dazugeben.
- Den schwarzen Rettich raspeln, die Nüsse zerstoßen.
- Den schwarzen Rettich, die gequetschten Kichererbsen und die Nüsse mit dem Rauchsalz und zwei Prisen Pfeffer vor dem Servieren mischen.

Champignons und Zitrone

In 15 Minuten vorbereitet

Ohne Kochen

Für 4 Personen

frische Champignons
500 g

Ingwer
20 g

Knoblauch
1 Zehe

Petersilie
6 Stiele

Schnittlauch
12 Stiele

Zitronensauce (Rezept 69)
× ½

- Die frischen Champignons in Scheiben schneiden. Den Ingwer und den Knoblauch schälen und hacken. Die Petersilie und den Schnittlauch fein schneiden.
- Champignons, Ingwer, Kräuter und Knoblauch mischen.
- Vor dem Servieren die Zitronensauce darübergießen.

Veggie

8

Brokkoli-Krokant

In 15 Minuten vorbereitet

30 Minuten Kochzeit

Für 4 Personen

Brokkoli
800 g

geräucherter Tofu
200 g

Rosinen
2 Esslöffel

Curry
1 Teelöffel

Sojasauce
2 Esslöffel

Zitronensauce
(Rezept 69) × 1

- Den Ofen auf 200 °C vorheizen. Den Tofu in Würfel schneiden. Aus dem Brokkoli kleine, gleich große Röschen schneiden.
- Die Tofuwürfel auf ein mit Backpapier ausgelegtes Backblech legen, mit Curry bestreuen. 2 Esslöffel Zitronensauce darübergießen und für 30 Minuten in den Ofen geben. Abkühlen lassen.
- Die Sojasauce mit der restlichen Zitronensauce und den Rosinen mischen.
- Über den abgekühlten Brokkoli und die Tofuwürfel gießen. Mischen und servieren.

Rote Bete, Karotte und Apfel

In 15 Minuten vorbereitet

Ohne Kochen

Für 4 Personen

rohe Rote Bete
150 g

Apfel
× 1

Karotten
250 g

Malzhefeflocken
1 Esslöffel

Körnermischung
für den Salat
1 Esslöffel

Zitronensauce
(Rezept 69)
4 Esslöffel

- Die Rote Bete schälen. Die Rote Bete, den Apfel und die Karotten raspeln. Mit den Salatkörnern mischen.
- Die Zitronensauce darübergießen und mischen.
- Mit den Malzhefeflocken bestreut servieren.

Mango und Avocado

In 15 Minuten vorbereitet

Ohne Kochen

Für 6 Personen

große Mango
× 1

Avocado
× 1 (300 g)

Minze
12 Blätter

geschälte Mandeln
2 Esslöffel

Koriander
12 Stiele

Zitronensauce
(Rezept 69) 6 Esslöffel

- Die geschälten Mandeln in einer heißen Pfanne unter Rühren goldgelb rösten.
- Die Mango und die Avocado schälen, in Scheiben schneiden und auf einer Platte anrichten.
- Minze und Koriander fein schneiden, dann über die Mango- und Avocadoscheiben streuen, die gerösteten Mandeln hinzugeben.
- Vor dem Servieren die Sauce darübergießen.

Roter Salat

In 15 Minuten vorbereitet

Ohne Kochen

Für 4 Personen

rote Paprika
× 1

Granatapfel
× ½

roter Apfel
× 1

rote Zwiebel
× ½

Basilikum
8 Blätter

Vinaigrette (Rezept 68)
× 1

- Die Granatapfelkerne auslösen.
- Den Apfel und die Paprika in Stücke schneiden, die Zwiebel in sehr feine Scheiben schneiden.
- Die Paprika, den Apfel, die Zwiebel und die Granatapfelkerne mit den Basilikumblättern mischen.
- Mit der Vinaigrette vermischt servieren.

Kiwi und Gurke

Kiwi
× 4

Gurke
× 1

Minze
4 Stiele

Basilikum
6 Stiele

Zitronensauce
(Rezept 69)

In 15 Minuten vorbereitet

Ohne Kochen

Für 6 Personen

- Die Kiwis und die Gurke schälen, dann in Würfel schneiden. Die Blätter von der Minze und dem Basilikum zupfen und kleinschneiden.
- Die Kräuter mit der Gurke und den Kiwis mischen.
- Vor dem Servieren die Sauce darübergießen.

Veggie

13

Linsen, Rote Bete und Avocado

In 15 Minuten vorbereitet

20 Minuten Kochzeit

Für 4 Personen

Belugalinsen oder grüne Linsen
250 g

gekochte Rote Bete
150 g

Avocado
× 1

Frühlingszwiebel
× 1

Walnusskerne
× 12

Vinaigrette (Rezept 68)
× 1

- Die Linsen in einen Topf mit kaltem Wasser geben und nach dem Aufkochen 15 Minuten ziehen lassen. Abgießen, spülen und abkühlen lassen.
- Die Rote Bete in Viertel schneiden, die Frühlingszwiebel in feine Scheiben schneiden. Die Avocado schälen und in Stücke schneiden.
- Die Linsen mit den Roten Beten, der Avocado und der Frühlingszwiebel, den Nüssen und der Vinaigrette mischen. Frisch servieren.

Kaki und Quinoa

In 10 Minuten vorbereitet

15 Minuten Kochzeit

Für 4 Personen

Kaki
× 2

Koriander
6 Stiele

Frühlingszwiebel
× 1

Quinoa
100 g

Zitronensauce
(Rezept 69) × 1

- Das Quinoa in eine größere Menge kalten Wassers geben, zum Kochen bringen und 10 Minuten ziehen lassen. Abgießen und abkühlen lassen.
- Die Kakis mit der Haut in Scheiben schneiden. Die Frühlingszwiebel in feine Scheiben, den Koriander sehr fein schneiden.
- Die Kaki-Scheiben mit der Zwiebel, dem Quinoa und dem Koriander mischen.
- Vor dem Servieren die Sauce darübergießen.

Salat aus Linguini und Radicchio

In 15 Minuten vorbereitet

30 Minuten Kochzeit

Für 4 Personen

Linguini
250 g

Auberginen
× 2

Radicchio
× 1

Pinienkerne
50 g

Olivenöl
4 Esslöffel

Balsamico-Essig
2 Esslöffel

- Den Ofen auf 180 °C vorheizen. Die Aubergine in 1 cm dicke Scheiben, den Radicchio in 2 cm dicke Scheiben schneiden.
- Auf ein Backblech legen, die Hälfte des Olivenöls und der Vinaigrette darübergießen. 10 Minuten in den Ofen geben, den Radicchio herausnehmen, dann noch 20 Minuten backen.
- Die Linguini bissfest kochen, Pinienkerne in der Pfanne anrösten.
- Die Linguini, die Aubergine, den Radicchio und die Pinienkerne mischen. Das restliche Olivenöl darübergießen, salzen und pfeffern.

Libanesisches Taboulé

In 20 Minuten vorbereitet

1 Stunde Ruhezeit
Ohne Kochen

Für 4 Personen

Bulgur
100 g

Petersilie
1 Bund

Minze
1 Bund

Frühlingszwiebeln
× 2

Kirschtomaten
250 g

Zitronensauce
(Rezept 69) 6 Esslöffel

- ○ Den Bulgur in eine Schüssel geben, die Sauce darübergießen und vermischen.
- ○ Die Kirschtomaten vierteln, die Petersilie und die Minze hacken, die Zwiebeln in feine Scheiben schneiden.
- ○ Alles in die Schüssel geben, salzen, pfeffern und gut durchmischen.
- ○ Mindestens 1 Stunde kalt ruhen lassen.

Thai-Kohl

In 10 Minuten vorbereitet

Ohne Kochen

Für 6 Personen

Chinakohl
× 1

Koriander
1 Bund

Thai-Basilikum
4 Stiele

Sesamkörner
1 Esslöffel

Sojasauce
2 Esslöffel

Tahini-Sauce (Rezept 66)
× 1

- Den Chinakohl in feine Scheiben schneiden, die Blätter vom Thai-Basilikum und vom Koriander zupfen.
- Den Kohl mit der Sojasauce und der Tahini-Sauce mischen.
- Mit den Blättern von Thai-Basilikum und Koriander mischen und mit Sesamkörnern bestreut servieren.

Schwarzer Reis und Grüner Spargel

In 30 Minuten vorbereitet

2 Stunden Ruhezeit
15 Minuten Kochzeit

Für 6 Personen

schwarzer Reis (Nerone)
250 g

Tiefkühl-Erbsen
300 g

grüner Spargel
400 g

Estragon
½ Bund

Mandeln
50 g

Vinaigrette (Rezept 68)
× 1

- Den Reis waschen, dann 2 Stunden in der doppelten Menge Wasser einweichen. 35 Minuten bei schwacher Hitze und mit Deckel ziehen lassen. Von der Kochplatte nehmen und weitere 10 Minuten quellen lassen.
- Den Spargel der Länge nach schneiden. Die Mandeln hacken.
- Spargel und Erbsen 4 Minuten in Salzwasser kochen. Abgießen und in Eiswasser geben. Mit dem Reis, den Mandeln und den Estragonblättern mischen.
- Mit der Vinaigrette übergießen und frisch servieren.

Marinierte Paprika

In 30 Minuten vorbereitet

45 Minuten Kochzeit

Für 6 Personen

rote Paprika
× 4

Knoblauch
1 Zehe

Ingwer
10 g

Olivenöl
4 Esslöffel

Basilikum
8 Blätter

- Den Ofen auf 200 °C vorheizen. Die Paprika für 45 Minuten in den Ofen geben. Noch heiß in eine luftdichte Plastiktüte geben. Abkühlen lassen.
- Den Knoblauch und den Ingwer hacken, das Basilikum fein schneiden. Die Paprika schälen und die Körner entfernen, dann in feine Streifen schneiden.
- Paprika, Knoblauch, Ingwer, Olivenöl und Basilikum mit je 2 Prisen Salz und gemahlenem Pfeffer mischen. Abgekühlt oder kalt servieren.

Weisser Salat

In 15 Minuten vorbereitet

Ohne Kochen

Für 6 Personen

Chicorée
× 1

Weißkohl
× ¼

Knollensellerie
× ¼

Fenchel
× 1

Malzhefeflocken
2 Esslöffel

Zitronensauce
(Rezept 69) × 1

- ○ Den Knollensellerie schälen und sehr fein raspeln. Den Fenchel und den Weißkohl in feine Scheiben schneiden. Den Chicorée der Länge nach in Scheiben schneiden.
- ○ Die Sauce über das Gemüse gießen und mischen.
- ○ Mit Malzhefeflocken bestreut servieren.

Linsen, Zucchini und Tofu

Korallenlinsen
250 g

große Zucchini
× 1

geräucherter Tofu
200 g

Sesamöl
3 Esslöffel

Ingwer
30 g

Curry
1 Esslöffel

In 20 Minuten vorbereitet

15 Minuten Kochzeit

Für 6 Personen

- Die Linsen nach dem Aufkochen 15 Minuten ziehen lassen. Abgießen und mit kaltem Wasser spülen.
- Den Tofu in Würfel schneiden, in einer Pfanne 5 Minuten mit 1 Esslöffel Sesamöl goldgelb anbraten. Die Zucchini und den Ingwer raspeln.
- Das restliche Sesamöl mit dem Ingwer, dem Curry und je 2 Prisen Salz und Pfeffer mischen. Die Linsen, den Tofu und die Zucchini vor dem Servieren mit der Sauce übergießen.

Hirse-Salat

In 10 Minuten vorbereitet

1 Stunde Ruhezeit
10 Minuten Kochzeit

Für 4 Personen

Hirse
200 g

rote Zwiebel
× 1

Koriander
1 Bund

Ras el-Hanout
1 Esslöffel

Honig
2 Esslöffel

Zitronensauce
(Rezept 69) × 1

- Die Hirse in 250 ml Salzwasser nach dem Aufkochen 10 Minuten ziehen lassen, dann 20 Minuten zugedeckt ruhen lassen.
- Mit dem Honig, dem Ras el-Hanout und der Sauce mischen und würzen. Auf Zimmertemperatur abkühlen lassen.
- Die Blätter vom Koriander zupfen, die Zwiebel in feine Scheiben schneiden. Mit der Hirse mischen. Frisch servieren.

Asiatischer Kohlrabi

In 10 Minuten vorbereitet

10 Minuten Ruhezeit
Ohne Kochen

Für 6 Personen

Kohlrabi
× 2

Minze
4 Stiele

Sesamkörner
1 Esslöffel

Rohrzucker
2 Teelöffel

Nuoc Mam
1 Teelöffel

Zitronensauce
(Rezept 69) × 1

- Die Kohlrabis schälen und in feine Stäbchen schneiden. Die Minze fein schneiden.
- Die Sauce mit dem Nouc Mam und dem Zucker mischen.
- Über den Kohlrabi gießen, 10 Minuten kalt stellen und marinieren lassen.
- Mit der fein geschnittenen Minze und den Sesamkörnern bestreut servieren.

24

Schwarze Bohnen und Avocado

In 10 Minuten vorbereitet

1 Stunde Ruhezeit
45 Minuten Kochzeit

Für 6 Personen

getrocknete, schwarze
Bohnen 200 g

Avocado
× 1

Stangensellerie
2 Stangen

Petersilie
6 Stiele

Chilipulver
2 Prisen

Zitronensauce
(Rezept 69) × 1

- Die schwarzen Bohnen in einen Topf mit kaltem Wasser geben, 2 Minuten zum Kochen bringen, vom der Kochplatte nehmen und 1 Stunde ruhen lassen.
- Abgießen, spülen und die Bohnen in die dreifache Menge Wasser geben. 45 Minuten kochen lassen. Abgießen und spülen.
- Die Avocado schälen und in Scheiben schneiden. Den Sellerie in feine Scheiben schneiden, die Petersilie fein schneiden.
- Bohnen, Petersilie, Sellerie und Avocado mischen. Vor dem Servieren die Sauce darübergießen und mit Chilipulver bestreuen.

25

Sellerie und Gorgonzola

Stangensellerie
6 Stangen

Gorgonzola
100 g

Walnüsse
30 g

Olivenöl
4 Esslöffel

Balsamico-Essig
2 Esslöffel

Muskatnuss
1 Prise

In 15 Minuten vorbereitet

Ohne Kochen

Für 6 Personen

- Den Sellerie schälen und in feine Scheiben schneiden.
- Den Gorgonzola in Stücke schneiden.
- Den Sellerie mit Olivenöl, Balsamico-Essig, Muskatnuss, je 2 Prisen Salz und Pfeffer mischen.
- Mit den Gorgonzolastücken und den Nüssen servieren.

Grünkohl, Apfel und Parmesan

In 10 Minuten vorbereitet

Ohne Kochen

Für 4 Personen

Grünkohl
200 g

Apfel Reinette
× 1

Parmesan
30 g

Zitronensauce
(Rezept 69)
× 1

- ○ Die Blätter vom Grünkohl schneiden und die zu harten Stiele entfernen. 1 Minute lang stark mit Zitronensauce einreiben.
- ○ Die Äpfel in feine Scheiben schneiden, den Parmesan hobeln.
- ○ Grünkohl und Äpfel mischen. Mit dem Parmesan servieren.

Sellerie mit Joghurtsauce

In 15 Minuten vorbereitet

Ohne Kochen

Für 6 Personen

Knollensellerie
500 g

Rosinen
1 Esslöffel

Wasabi
1 Teelöffel

Joghurtsauce
(Rezept 67) × 1

- Den Knollensellerie schälen und fein raspeln.
- Die Sauce mit dem Wasabi mischen und über den geraspelten Sellerie gießen.
- Mit den Rosinen mischen. Kalt servieren.

PRADEL

Rosenkohl mit Schafskäse

In 15 Minuten vorbereitet

Ohne Kochen

Für 4 Personen

Rosenkohl
300 g

Nüsse
20 g

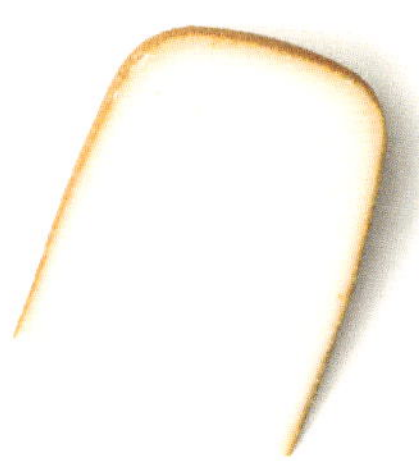

Schafskäse
70 g

Olivenöl
4 Esslöffel

Kerbel
6 Stiele

- Die ersten Blätter des Kohls entfernen. Den Kohl in feine Scheiben schneiden.
- Die Blätter vom Kerbel zupfen, die Nüsse grob zerkleinern, den Käse reiben.
- Den fein geschnittenen Kohl mit Olivenöl übergießen. Je 2 Prisen Salz und Pfeffer hinzugeben, mischen.
- Mit den Nüssen mischen und bestreut mit Kerbel und Käse servieren.

Rahmkartoffeln

Kartoffeln
700 g

Frühlingszwiebel
× 1

Rucola
50 g

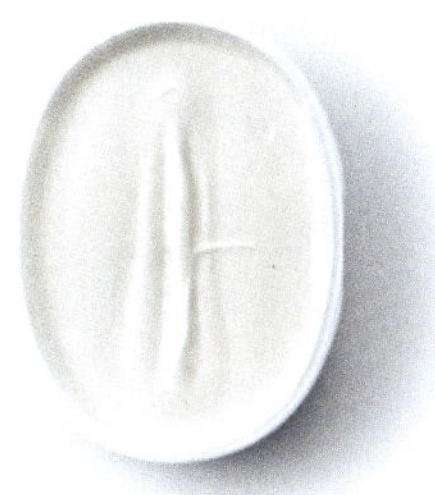

Rahmkäse
100 g

Petersilie
6 Stiele

Vinaigrette (Rezept 68)
6 Esslöffel

In 10 Minuten vorbereitet

40 Minuten Kochzeit

Für 6 Personen

- Die Kartoffeln in einen Topf mit kaltem Wasser geben und nach dem Aufkochen 25 Minuten ziehen lassen. Abgießen und abkühlen lassen.
- Die Petersilie fein schneiden. Die Frühlingszwiebel in feine Scheiben schneiden. Die Vinaigrette, den Rahmkäse, die Frühlingszwiebel und die Petersilie mischen.
- Die Kartoffeln in dicke Scheiben schneiden und mit der Sauce vermischen.
- Den Rucola hinzufügen, würzen und vor dem Servieren durchmischen.

30

Gurke, Erdbeeren und Ziegenkäse

Gurke
× 1

Erdbeeren
× 8

Ziegenkäse
100 g

Minze
2 Bunde

Kürbiskerne
1 Esslöffel

Vinaigrette (Rezept 68)
1 Esslöffel

In 20 Minuten vorbereitet

Ohne Kochen

Für 6 Personen

- Die Gurke in dünne Scheiben schneiden. Die Erdbeeren vierteln, die Minze fein schneiden.
- Die Gurke und die Erdbeeren auf eine Platte legen, mit Ziegenkäse, Minze und Kürbiskernen bestreuen.
- Vor dem Servieren die Vinaigrette darübergießen.

Blattsalat mit Sahne

In 10 Minuten vorbereitet

Ohne Kochen

Für 4 Personen

Blattsalat
× 1

Sahne
4 Esslöffel

Weinessig
1 Esslöffel

Schalotte
× 1

gehackte Kräuter nach Wahl 1 Esslöffel

- Den Blattsalat zerkleinern, die Schalotte fein schneiden.
- Sahne, Essig und die gehackten Kräuter mit je 2 Prisen Salz und Pfeffer mischen.
- Den Blattsalat mit der Schalotte vermischen und vor dem Servieren die Sauce darübergießen.

Chicorée, Apfel und Blauschimmelkäse

In 10 Minuten vorbereitet

Ohne Kochen

Für 6 Personen

Chicorée
× 2

säuerlicher Apfel
× 1

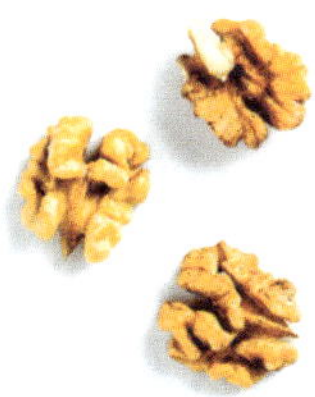

Walnüsse
40 g

Blauschimmelkäse
50 g

Vinaigrette (Rezept 68)
× 1

- Die Blätter vom Chicorée zupfen, den Apfel in dünne Scheiben schneiden.
- Chicorée, Nüsse, Äpfel und Vinaigrette mischen.
- Mit dem in Stücke geschnittenen Blauschimmelkäse servieren.

Zucchini und Brousse

In 10 Minuten vorbereitet

Ohne Kochen

Für 6 Personen

Zucchini
× 2

Brousse
200 g

Pinienkerne
40 g

Basilikum
½ Bund

Olivenöl
6 Esslöffel

Knoblauch
1 Zehe

- Die Pinienkerne 3 Minuten in einer heißen Pfanne goldgelb anrösten.
- Die Hälfte der Pinienkerne mit der Knoblauchzehe, den Basilikumblättern und dem Olivenöl zerdrücken, um eine Paste zu erhalten.
- Die Zucchini in sehr dünne Scheiben schneiden, mit der Sauce mischen und würzen.
- Mit dem in Stücke geschnittenen Brousse servieren.

Mango und Curry-Creme

In 10 Minuten vorbereitet

Ohne Kochen

Für 4 Personen

große Mango
× 1

Crème fraîche
500 g

Curry
1 gestrichener Esslöffel

Olivenöl
2 Teelöffel

Schnittlauch
6 Stiele

- Die Mango schälen und in Scheiben schneiden.
- Crème fraîche, Olivenöl und Curry mit je 2 Prisen Salz und gemahlenem Pfeffer mischen. Den Schnittlauch fein schneiden.
- Die Sauce über die Mango gießen, vermischen und mit dem geschnittenen Schnittlauch servieren.

Mozzarella-Artischocken

In 20 Minuten vorbereitet

Ohne Kochen

Für 4 Personen

Artischocken
× 4

Zitrone
× 1

Mozzarella
250 g

Basilikum
12 Blätter

Zitronensauce
(Rezept 69) × ½

Balsamico-Essig
2 Esslöffel

- ○ Den Zitronensaft in eine große Schüssel mit Wasser gießen. Die ersten harten Blätter der Artischocke entfernen, dann fein der Länge nach in Scheiben schneiden und sofort in das Zitronenwasser geben. Abgießen. Die Artischocken mit der Zitronensauce mischen.
- ○ Das Basilikum fein und den Mozzarella in Stücke schneiden.
- ○ Die Artischocken mit dem Mozzarella und dem Basilikum mit Balsamico-Essig übergossen servieren.
- ○ Nach Geschmack salzen und pfeffern.

Rote Bete und Orange

In 15 Minuten vorbereitet

Ohne Kochen

Für 4 Personen

rohe Rote Bete
100 g

Orangen
× 2

Ziegenfrischläse
100 g

Balsamico-Essig
2 Teelöffel

Olivenöl
4 Esslöffel

ungezuckertes Kakaopulver
2 Teelöffel

- Die Rote Bete schälen und in feine Streifen schneiden.
- Die Orangen schälen und in feine Filets schneiden.
- Basilikum-Essig mit dem Kakao, dem Olivenöl und je 2 Prisen Salz und gemahlenem Pfeffer mischen.
- Die Rote Bete und die Orangen mit zerkrümeltem Käse bestreuen. Vor dem Servieren die Sauce darübergießen.

Melone, Tomate und Schinken

In 15 Minuten vorbereitet

Ohne Kochen

Für 6 Personen

Melone
400 g

Ziegenfrischkäse
50 g

Strauchtomaten
× 8

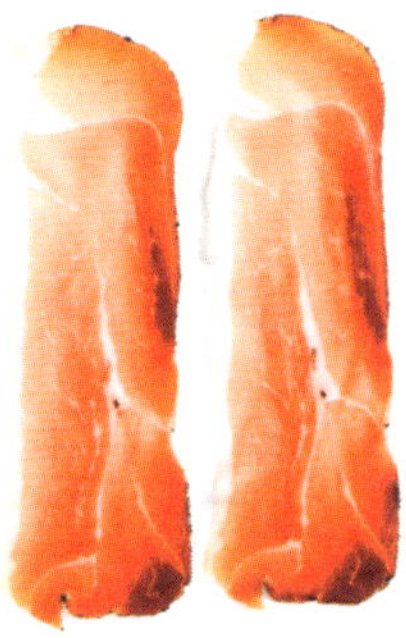

roher Schinken
100 g

Minze
2 Stiele

Zitronensauce
(Rezept 69) × 1

- Die Melone schälen und von den Kernen befreien. In Stücke schneiden. Die Tomaten vierteln.
- Den Ziegenfrischkäse zerkrümeln, die Minze fein schneiden, den Schinken in Stücke schneiden.
- Vor dem Servieren alle Zutaten mit der Zitronensauce vermischen.

Orange und Zwiebeln

In 10 Minuten vorbereitet

Ohne Kochen

Für 6 Personen

Orangen
× 4

rote Zwiebeln
× 2

Serrano-Schinken
6 Scheiben

Oregano
1 Esslöffel

Olivenöl
4 Esslöffel

Weinessig
2 Esslöffel

- Die Orangenenden abschneiden, dann die Orangen schälen, indem das Messer zwischen der Schale und dem Fleisch durchgeführt wird. Filets schneiden, indem das Messer an der Haut jeder Spalte entlanggezogen wird.
- Die Zwiebeln schälen und in feine Scheiben schneiden.
- Die Orangen und die Zwiebeln mischen, halbierte Schinkenscheiben hinzufügen.
- Essig und Olivenöl darübergießen, salzen, pfeffern und mit Oregano bestreuen. Frisch servieren.

Bohnen, Tomate und Basilikum

grüne Bohnen
500 g

Kirschtomaten
200 g

Eier
× 2

Knoblauch
1 Zehe

Vinaigrette (Rezept 68)
× 1

Basilikum
8 Blätter

In 20 Minuten vorbereitet

10 Minuten Kochzeit

Für 4 Personen

- Die Bohnen 10 Minuten in heißem Salzwasser ziehen lassen, abgießen und in Eiswasser geben.
- Die Eier 10 Minuten in Wasser kochen, abschrecken und schälen.
- Das Basilikum fein schneiden und die Knoblauchzehe quetschen. Beides mit den harten Eiern und der Vinaigrette vermengen.
- Die Tomaten halbieren, mit grünen Bohnen und der Eimischung servieren, je 2 Prisen Salz und Pfeffer darübergeben.

Caesar-Salat

Romanasalat
× 1

Hühnerbrust
300 g

Mayonnaise
80 g

Worcestershire-Sauce
4 Esslöffel

Parmesan
70 g

Baguette
× ¼

In 30 Minuten vorbereitet

12 Minuten Zubereitung

Für 6 Personen

- ○ Das Hühnchen in einer sehr heißen Pfanne 6 Minuten von jeder Seite anbraten. In Alufolie einwickeln und abkühlen lassen.
- ○ Das Baguette in Würfel schneiden, in der Pfanne mit ein bisschen Fett bei großer Hitze goldgelb anrösten.
- ○ Die Mayonnaise und die Worcestershire-Sauce mischen. Den Salat zupfen, mit der Mayonnaise mischen, salzen und pfeffern.
- ○ Den Salat mit der in Scheiben geschnittenen Hühnerbrust, dem in Stücke geschnittenen Parmesan und den Croûtons servieren.

41

Rosenkohl mit Speck

Rosenkohl
500 g

geräucherter Speck
120 g

Eier
× 2

Kerbel
4 Stiele

Vinaigrette (Rezept 68)
× 1

In 20 Minuten vorbereitet

15 Minuten Kochzeit

Für 4 Personen

- Den Kohl in kochendes Salzwasser geben und 10 Minuten ziehen lassen. Abgießen, unter kaltem Wasser spülen und halbieren.
- Den Speck in einer sehr heißen Pfanne 5 Minuten goldgelb anbraten - nach der Hälfte der Zeit wenden.
- Die Eier 8 Minuten in Wasser kochen. Abkühlen lassen und schälen.
- Den Kohl mit den halbierten Eiern und den halbierten Speckscheiben belegen. Vor dem Servieren mit Kerbel bestreuen und die Vinaigrette darübergießen.

Bohnen mit Mayonnaise

grüne Bohnen
250 g

Strauchtomaten
× 4

Eier
× 2

Frühstücksspeck
150 g

Kartoffeln
400 g

Mayonnaise
100 g

In 30 Minuten vorbereitet

30 Minuten Kochzeit

Für 6 Personen

- Die Bohnen 10 Minuten in Salzwasser kochen. Abgießen und in Eiswasser geben.
- Die Eier 8 Minuten in Wasser kochen, abkühlen lassen und schälen.
- Die Kartoffeln mit Schale 30 Minuten in siedendem Wasser ziehen, dann etwas abkühlen lassen und schälen. Den Frühstücksspeck 5 Minuten in einer heißen Pfanne goldgelb anrösten.
- Die Tomaten und die Eier vierteln, die Kartoffeln in Stücke schneiden. Das Ganze mit Mayonnaise servieren.

Geräucherte Entenbrust mit Ananas

In 30 Minuten vorbereitet

15 Minuten Kochzeit

Für 6 Personen

kleine Ananas
× 1

Erdnüsse
30 g

grüne Bohnen
300 g

geräucherte Entenbrust
100 g

Olivenöl
4 Esslöffel

Balsamico-Essig
2 Esslöffel

- Die Ananas schälen, vierteln und in kleine Stücke schneiden.
- Die grünen Bohnen 5 Minuten in Salzwasser kochen. Abgießen und in eine Schale mit Eiswasser geben. Die Erdnüsse hacken.
- Die Ananas, die Bohnen und die Scheiben der geräucherten Entenbrust auf einer Platte anrichten. Olivenöl und Balsamico-Essig darübergießen, salzen und pfeffern.
- Mit den gehackten Erdnüssen bestreut servieren.

44

Thai-Rindfleisch

In 20 Minuten vorbereitet

1 Std. 50 Min. Ruhezeit
20 Minuten Zubereitung

Für 6 Personen

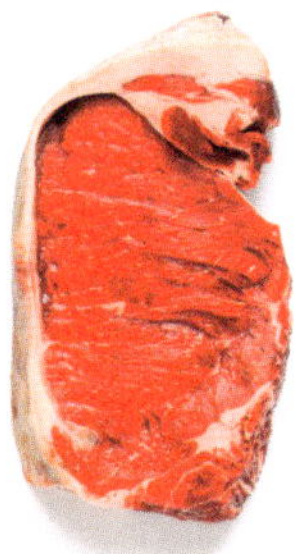

Entrecôte
1 kg

Sesamöl
4 Esslöffel

rote Peperoni
× 1

Sojasauce
2 Esslöffel

Limetten
× 2

Thai-Basilikum
6 Stängel

- Das Entrecôte 1 Stunde bei Umgebungstemperatur ruhen lassen. Anschließend in einer sehr heißen Pfanne 10 Minuten von jeder Seite anbraten, ohne es anzustechen, dann für 20 Minuten in Alufolie einwickeln.
- Zesten von einer Limette schaben, den Saft auspressen. Die Peperoni entkernen und hacken, mit dem Sesamöl, der Sojasauce, dem Saft und den Zesten der Limette mischen.
- Das Fleisch in Scheiben schneiden und mit der Marinade vermischen. 30 Minuten kalt ruhen lassen. Mit fein geschnittenem Thai-Basilikum servieren.

Salatmischung mit Stopfleber

In 15 Minuten vorbereitet

Ohne Kochen

Für 4 Personen

Salatmischung
300 g

Stopfleber
100 g

Weintrauben
250 g

Datteln
× 8

Olivenöl
4 Esslöffel

Balsamico-Essig
1 Teelöffel

- Einen Teelöffel Stopfleber mit dem Olivenöl und dem Essig zerdrücken.
- Die Trauben halbieren. Die Datteln entkernen und hacken.
- Die Sauce mit den Datteln mischen und über die Salatmischung geben. Die Trauben hinzugeben.
- Vor dem Servieren mit der restlichen in Würfel geschnittenen Stopfleber salzen und pfeffern.

Chorizo und Omelett

In 15 Minuten vorbereitet

15 Minuten Zubereitung

Für 6 Personen

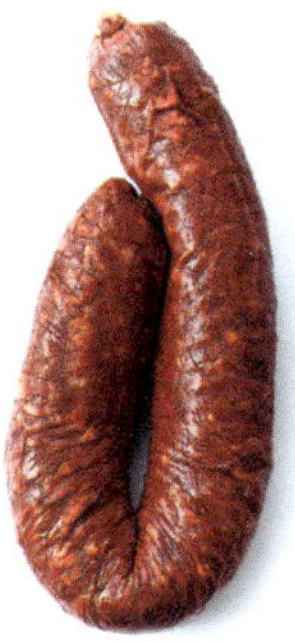

Chorizo
150 g

Kichererbsen
400 g

Gurke
× 1

Minze
4 Stiele

Eier
× 4

Joghurtsauce
(Rezept 67) × 1

- Die Eier mit 2 Prisen Salz und Pfeffer aufschlagen. 7 Minuten bei mittlerer Hitze in einer Pfanne anbraten, wenden und weitere 3 Minuten braten. Das Omelett aufrollen und in Scheiben schneiden.
- Die Chorizo-Scheiben 5 Minuten bei großer Hitze anbraten. Das beim Braten entstandene Öl aufbewahren. Die Kichererbsen abgießen und spülen, die Gurke schneiden, die Minze fein schneiden.
- Alle Zutaten auf eine Platte legen. Die Sauce mit dem Öl der Chorizo mischen und vor dem Servieren darübergießen.

Bohnen, Huhn und Mango

In 20 Minuten vorbereitet

15 Minuten Ruhezeit
12 Minuten Zubereitung

Für 6 Personen

rote Bohnen aus der Dose
400 g

Mais aus der Dose
400 g

Hühnerbrust
300 g

Frühlingszwiebel
× 1

große Mango
× 1

Vinaigrette (Rezept 68)
× 1

- Das Hühnchen in einer sehr heißen Pfanne 6 Minuten von jeder Seite anbraten. In Alufolie einwickeln und 15 Minuten abkühlen lassen.
- Die Bohnen und den Mais abgießen und spülen. Die Mango schälen, in Scheiben schneiden, die Zwiebel in feine Scheiben schneiden. Das Hühnchen in Streifen schneiden.
- Die Bohnen mit dem Mais, dem Hühnchen und der Mango servieren. Mit den Zwiebelscheiben bestreuen und die Vinaigrette darübergießen.

Melone, Huhn und Feta

In 20 Minuten vorbereitet

10 Minuten Ruhezeit
12 Minuten Zubereitung

Für 6 Personen

Chartenais-Melone
× 1

Hühnerbrust
300 g

Feta
100 g

Dill
2 Stängel

Pastis
4 Esslöffel

Olivenöl
× 4 Esslöffel

- Die Hühnerbrust 6 Minuten von jeder Seite anbraten, dann in Alufolie wickeln und 15 Minuten abkühlen lassen.
- Die Melone schälen, halbieren, entkernen und in Stücke schneiden. Mit dem Pastis und dem Olivenöl mischen. Mindestens 10 Minuten kalt ruhen lassen.
- Das Hühnchen in Streifen schneiden, den Dill klein schneiden, den Feta zerkrümeln.
- Die Melone mit dem Hühnchen, dem Feta und dem Dill, je 2 Prisen Salz und Pfeffer vermischen. Frisch servieren.

Quinoa, Feige und Ziegenkäse

In 10 Minuten vorbereitet

10 Minuten Kochzeit

Für 6 Personen

Quinoa
150 g

Feigen
× 6

gehackte Kräuter
nach Wahl 1 Bund

Ziegenfrischkäse
100 g

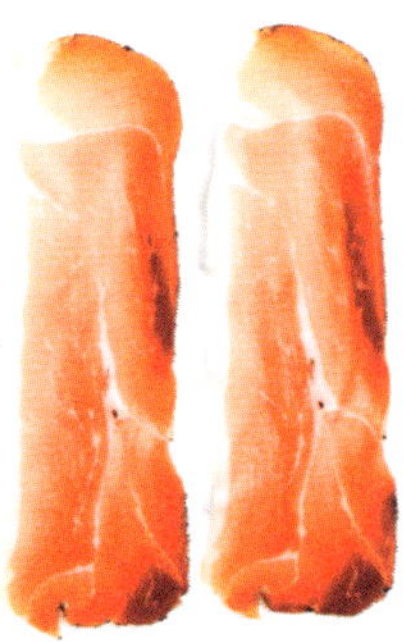

roher Schinken
100 g

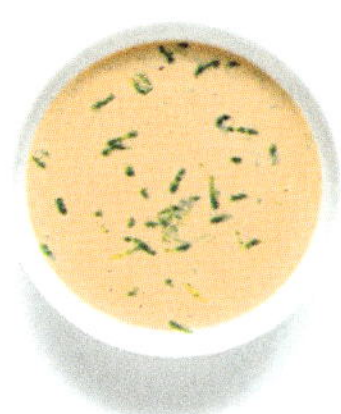

Tahini-Sauce (Rezept 66)
× 1

○ Das Quinoa 10 Minuten in einem Topf mit heißem Salzwasser ziehen lassen, abgießen und mit kaltem Wasser spülen.

○ Die Feigen vierteln, die Kräuter fein schneiden. Den rohen Schinken in Stücke schneiden, den Ziegenkäse zerkrümeln.

○ Das Quinoa, die Feigen, den Schinken, die Kräuter und den Käse vor dem Servieren mit Tahini-Sauce mischen.

Fenchel, Forelle und Orange

In 20 Minuten vorbereitet

10 Minuten Ruhezeit
Ohne Kochen

Für 6 Personen

Fenchel
× 1

Räucherforelle
100 g

Dill
½ Bund

Orangen
× 2

Joghurtsauce
(Rezept 67) × 1

- Den Fenchel fein hobeln und 10 Minuten in eine Schale mit Eiswasser geben, dann abgießen.
- Die Orangenenden abschneiden, dann die Orangen schälen, indem das Messer zwischen der Schale und dem Fleisch durchgeführt wird. Filets schneiden, indem das Messer an der Haut jeder Spalte entlanggezogen wird.
- Den Dill fein schneiden.
- Den Fenchel, die Orangenfilets, den Dill, die Räucherforelle und die Sauce vermischen.

Garnelen, Pomelo und Minze

große, rosa Garnelen
× 12

Pomelo
× 1

Minze
4 Stängel

Bataviasalat
6 Blätter

Brousse
150 g

Zitronensauce
(Rezept 69) × 1

In 20 Minuten vorbereitet

Ohne Kochen

Für 4 Personen

- Die Pomeloenden abschneiden, dann die Pomelo schälen, indem das Messer zwischen der Schale und dem Fleisch durchgeführt wird. Filets schneiden, indem das Messer an der Haut der einzelnen Spalten entlanggezogen wird.
- Die Garnelen schälen, die Minze fein schneiden, Blätter vom Bataviasalat pflücken.
- Den Bataviasalat mit der Pomelo, den Garnelen, der Minze, dem zerkrümelten Käse und der Sauce mischen.

Fenchel und Poutargue

In 20 Minuten vorbereitet

10 Minuten Ruhezeit
Ohne Kochen

Für 6 Personen

Fenchel
× 1

Avocado
× 1

Poutargue
20 g

Schalotte
× 1

Dill
2 Stiele

Zitronensauce
(Rezept 69) × 1

- Den Fenchel fein hobeln, 10 Minuten in eine Schüssel mit Eiswasser geben, abgießen.
- Die Avocado schälen und in Stücke schneiden. Die Schalotte in feine Scheiben schneiden, den Dill fein schneiden.
- Fenchel, Avocado und Schalotte mit der Zitronensauce mischen.
- Den Salat mit fein geschnittenem Dill servieren, bestreut mit geriebenem Poutargue.

Tomate und Dorsch

In 10 Minuten vorbereitet

24 Stunden Ruhezeit
Ohne Kochen

Für 4 Personen

Kirschtomaten
500 g

gewässerter Dorsch
300 g

Olivenöl
2 Esslöffel

Frühlingszwiebel
× 1

- Den Dorsch in Stücke zerteilen. Die Tomaten halbieren, die Zwiebel in feine Scheiben schneiden.
- Tomaten, Dorsch, Olivenöl und Zwiebeln mit 2 Prisen gemahlenem Pfeffer mischen. Frisch servieren.

Tintenfisch und Paprika

gekochter Tintenfisch
750 g

Frühlingszwiebel
× 1

rote Paprika
× 1

schwarze Oliven
150 g

Koriander
½ Bund

Zitronensauce
(Rezept 69) × 1

In 10 Minuten vorbereitet

Ohne Kochen

Für 8 Personen

- Den Tintenfisch in Stücke schneiden. Den Koriander zupfen. Die Zwiebel in feine Scheiben schneiden, die Paprika würfeln.
- Den Tintenfisch mit der Zwiebel, den Oliven, der Paprika und dem Koriander mischen.
- Die Sauce darübergießen und pfeffern. Frisch servieren.

55

Reis, Thunfisch und Cornichons

In 10 Minuten vorbereitet

10 Minuten Kochzeit

Für 4 Personen

weißer Thai-Reis oder Basmati-Reis
200 g

Thunfischfilets in Olivenöl 100 g

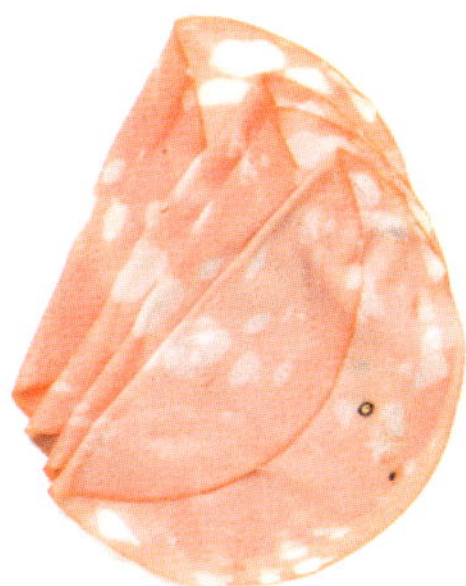

Mortadella
100 g

Cornichons
× 10

Frühlingszwiebel
× 1

Vinaigrette (Rezept 68)
× 1

- Den gewaschenen Reis 10 Minuten in der doppelten Menge Wasser bei mittlerer Hitze ziehen lassen. Unter kaltem Wasser spülen und abgießen.
- Den Thunfisch in Stücke schneiden, das Öl aufbewahren und mit dem Reis mischen.
- Die Cornichons und die Zwiebel in feine Scheiben schneiden. Mit dem Reis und dem Thunfisch mischen.
- Die Mortadellascheiben vierteln, zum Reis mit der Vinaigrette hinzufügen. Mischen und vor dem Servieren kühlen.

Dicke Bohnen, Sardellen und Tomate

In 30 Minuten vorbereitet

15 Minuten Kochzeit

Für 6 Personen

geschälte Tiefkühl-Erbsen
600 g

Eier
× 3

Strauchtomaten
× 6

Sardellenfilets in Öl
× 6

Basilikum
12 Blätter

Olivenöl
6 Esslöffel

- Die Erbsen 4 Minuten in einem Topf mit siedendem Salzwasser ziehen lassen, abgießen und mit kaltem Wasser abspülen.
- Die Eier in kochendem Wasser nach Vorliebe 6 bis 8 Minuten kochen. Abkühlen lassen und schälen. Die Tomaten vierteln.
- Die Sardellenfilets mit Öl zerdrücken und mit dem fein geschnittenen Basilikum mischen.
- Erbsen, Tomaten, die Sardellensauce und 2 Prisen Pfeffer mischen. Mit halbierten, weichgekochten Eiern servieren.

Lachs und Rhabarber

In 20 Minuten vorbereitet

30 Minuten Ruhezeit
Ohne Kochen

Für 6 Personen

frischer Lachs
250 g

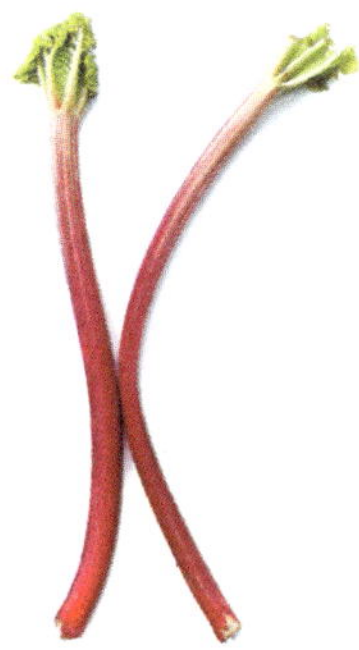

Rhabarber
50 g

Koriander
4 Stiele

Rucola
50 g

Zitronensauce
(Rezept 69)

Tabasco®
10 Tropfen

- Den Rhabarber schälen und in kleine Würfel schneiden. Den Lachs in Würfel schneiden. Den Koriander fein schneiden.
- Den Rhabarber, Lachs, Koriander, Tabasco® und die Zitronensauce mischen. Mindestens 30 Minuten kalt ruhen lassen.
- Kalt auf Rucola servieren.

Roher Thunfisch, Kapern und Basilikum

In 15 Minuten vorbereitet

10 Minuten Ruhezeit
Ohne Kochen

Für 4 Personen

roher, roter Thunfisch
400 g

Kapern
50

Basilikum
× 4 Stiele

Pinienkerne
20 g

Rosinen
30 g

Zitronensauce
(Rezept 69) × 1

- Den Thunfisch in Würfel schneiden. Mit der Zitronensauce mischen und 10 Minuten in den Kühlschrank stellen.
- Die Pinienkerne 3 Minuten in einer heißen Pfanne goldgelb anrösten. Die Kapern abgießen und hacken. Die Rosinen klein schneiden. Das Basilikum fein schneiden.
- Den Thunfisch mit den Pinienkernen, dem Basilikum, den Kapern und den Rosinen vor dem Servieren mischen.

Lachs, Avocado und Pomelo

In 15 Minuten vorbereitet

10 Minuten Ruhezeit

Für 4 Personen

Avocado
× 1

Pomelo
× 1

marinierter Lachs
in Scheiben
100 g

Salatmischung
50 g

Vinaigrette (Rezept 68)
× ½

- ○ Die Pomeloenden abschneiden, dann die Pomelo schälen, indem das Messer zwischen der Schale und dem Fleisch durchgeführt wird. Filets schneiden, indem das Messer an der Haut jeder Spalte entlanggezogen wird.
- ○ Die Avocado schälen und in Scheiben schneiden.
- ○ Den Lachs in Scheiben schneiden, die Pomelo, die Avocado und die Salatmischung vor dem Servieren mit der Vinaigrette mischen.

Orecchiette und Thunfisch

In 10 Minuten vorbereitet

45 Minuten Kochzeit

Für 6 Personen

tiefgefrorene Artischockenherzen
300 g

Orecchiette
250 g

Thunfischfilets in Olivenöl
100 g

Kapern
40 g

Basilikum
8 Blätter

schwarze Oliven
ohne Kerne × 12

- Den Ofen auf 200 °C vorheizen. Die Orecchiette 12 Minuten in Salzwasser kochen.
- Die Artischockenherzen mit etwas Öl bestreichen, salzen, pfeffern und 30 Minuten in den Ofen geben.
- Den Thunfisch samt Öl mit den Orecchiette, den Kapern und den fein geschnittenen Oliven mischen, je 2 Prisen Salz und gemahlenen Pfeffer hinzugeben.
- Die Artischockenherzen vierteln, der Mischung hinzugeben, das fein geschnittene Basilikum darüberstreuen und abgekühlt servieren.

Garnelen mit Clementinen

rosa Garnelen
× 18

Clementinen
× 4

Spinatblätter
100 g

Apfelweinessig
4 cl

Earl Grey-Tee
1 Beutel

Olivenöl
6 Esslöffel

In 10 Minuten vorbereitet

15 Minuten Ruhezeit
1 Minute Kochzeit

Für 6 Personen

- Den Essig 1 Minute mit dem Teebeutel aufkochen lassen und dann 15 Minuten ruhen lassen. Den Beutel auspressen, um so viel Flüssigkeit wie möglich daraus zu erhalten.
- Mit dem Olivenöl, den Zesten von 1 Clementine, je 2 Prisen Salz und Pfeffer mischen.
- Die Garnelen schälen, die Clementinen schälen und in Spalten zerteilen.
- Mit den Spinatblättern und der Sauce mischen.

62

Krebsfleisch und Kohl

In 20 Minuten vorbereitet

Ohne Kochen

Für 6 Personen

Weißkohl
500 g

Krebsfleisch
250 g

Senf
1 Esslöffel

Joghurtsauce
(Rezept 67) × 1

Nüsse
30 g

- Den Weißkohl hobeln, den Senf in die Joghurtsauce rühren, über den Kohl und das Krebsfleisch gießen. Salzen, pfeffern, mischen und in den Kühlschrank stellen.
- Die Nüsse grob zerkleinern und vor dem Servieren über den Salat streuen.

Soba, Garnelen und Radieschen

In 15 Minuten vorbereitet

10 Minuten Kochzeit

Für 4 Personen

Soba
250 g

große, rosa Garnelen
× 12

Radieschen
1 Bund

Shiitake-Pilze
100 g

Ingwer
20 g

Tahini-Sauce (Rezept 66)
× 1

- Die Sobas 6 Minuten in einem Topf mit sprudelndem Salzwasser kochen. Abgießen und spülen.
- Die Garnelen schälen. Die Shiitake-Pilze halbieren und von jeder Seite 2 Minuten in einer sehr heißen Pfanne mit ein wenig Öl anrösten, salzen und pfeffern.
- Den Ingwer schälen, mit dem Radieschenkraut und der Tahini-Sauce mischen. Die Radieschen in dünne Scheiben schneiden.
- Die Sobas, die Garnelen, die Shiitake-Pile und die Radieschen mit der Sauce mischen und vor dem Servieren kaltstellen.

Linsen, Erbsen und Edamame

In 30 Minuten vorbereitet

20 Minuten Kochzeit

Für 6 Personen

Belugalinsen
250 g

Tiefkühl-Erbsen
200 g

Tiefkühl-Edamame
400 g

Kerbel
½ Bund

geräucherte Makrele
150 g

Vinaigrette (Rezept 68)
× 1

- Die Linsen in einen Topf mit kaltem Wasser geben und nach dem Aufkochen 15 Minuten ziehen lassen. Abgießen, spülen und abkühlen lassen.
- Die Edamame und die Erbsen in einem Topf mit Salzwasser nach dem Aufkochen 3 Minuten ziehen lassen. Abgießen und in eine Schale mit Eiswasser geben.
- Die Linsen, die enthülsten Edamame, die Erbsen, den Kerbel und die filetierte Makrele mischen. Die Sauce darübergießen, pfeffern und wieder mischen.

Bohnen, Thunfisch und Kapern

In 10 Minuten vorbereitet

Ohne Kochen

Für 4 Personen

weiße Bohnen
aus der Dose
400 g

Thunfischfilets in Olivenöl
150 g

Kapern
60 g

rote Paprika
× 1

Koriander
6 Stiele

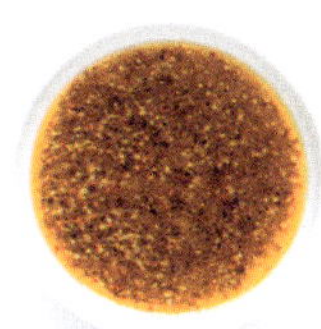

Vinaigrette (Rezept 68)
× ½

- Die Bohnen und die Kapern spülen und abgießen.
- Die rote Paprika in feine Scheiben schneiden, den Koriander zupfen. Die Thunfischfilets zerkleinern, das Öl aufbewahren.
- Bohnen, Kapern, Paprika, Koriander, Thunfisch und das Öl vor dem Servieren mit der Vinaigrette mischen.

Tahini-Sauce

In 5 Minuten vorbereitet

Ohne Kochen

für 1 Portion

Tahini
2 Esslöffel

Limette
× 1

Sojasauce
1 Esslöffel

- Von der Limette Zesten schaben und den Saft auspressen.
- Mit dem Tahini, der Sojasauce und 3 Esslöffeln heißem Wasser aufschlagen.

Joghurtsauce

Joghurt
× 1

Olivenöl
2 Esslöffel

Weinessig
½ Esslöffel

Ahornsirup
× 1 Esslöffel

Dill
2 Stiele

In 5 Minuten vorbereitet

Ohne Kochen

für 1 Portion

- Den Dill fein schneiden.
- Den Joghurt mit Olivenöl, Essig, Ahornsirup, Dill, je 2 Prisen Salz und Pfeffer mischen.

Vinaigrette

In 5 Minuten vorbereitet

Ohne Kochen

für 1 Portion

Senf mit ganzen Körnern
½ Esslöffel

Öl (nach Geschmack)
6 Esslöffel

Weinessig
½ Esslöffel

- Die Zutaten mit je 2 Prisen Salz und Pfeffer aufschlagen.

Zitronensauce

In 5 Minuten vorbereitet

Ohne Kochen

für 1 Portion

Zitrone
× 1

Olivenöl
6 Esslöffel

Balsamico-Essig
½ Esslöffel

Ingwer
10 g

Petersilie
× 2 Stiele

Schnittlauch
× 4 Stiele

- Die Petersilie und den Schnittlauch fein schneiden. Von der Zitrone Zesten schaben und den Saft auspressen.
- Den Ingwer schälen und reiben. Den Saft und die Hälfte der Zitronenzesten mit dem Olivenöl, Balsamico-Essig, dem Ingwer, der Petersilie, dem Schnittlauch und je 2 Prisen Salz und Pfeffer mischen.

Was macht man womit?

Die Originalausgabe erschien 2017 unter dem Titel:
Salade Super Facile

Produktion der deutschsprachigen Ausgabe:
Tanja Timmerman vertaling & redactie
Übersetzung: Judith Muhr
Satz: Elixyz Desk Top Publishing

Printed in Slovenia

ISBN: 978-94-6359-005-1